問題天天多系列

為什麼我要誠實？

凱·巴納姆 著　　帕特里克·科里根 繪

新雅文化事業有限公司
www.sunya.com.hk

問題天天多系列

為什麼我要誠實？

作　　者：凱·巴納姆 (Kay Barnham)
繪　　圖：帕特里克·科里根 (Patrick Corrigan)
翻　　譯：張碧嘉
責任編輯：趙慧雅
美術設計：蔡學彰
出　　版：新雅文化事業有限公司
　　　　　香港英皇道499號北角工業大廈18樓
　　　　　電話：(852) 2138 7998
　　　　　傳真：(852) 2597 4003
　　　　　網址：http://www.sunya.com.hk
　　　　　電郵：marketing@sunya.com.hk
發　　行：香港聯合書刊物流有限公司
　　　　　香港荃灣德士古道220-248號荃灣工業中心16樓
　　　　　電話：(852) 2150 2100
　　　　　傳真：(852) 2407 3062
　　　　　電郵：info@suplogistics.com.hk
印　　刷：中華商務彩色印刷有限公司
　　　　　香港新界大埔汀麗路36號
版　　次：二〇二一年十月初版

ISBN: 978-962-08-7847-3
Originally published in the English language as
"*Why do I have to…Tell The Truth?*"
Franklin Watts
First published in Great Britain in 2021 by
The Watts Publishing Group
Copyright © The Watts Publishing Group 2021
Traditional Chinese Edition © 2021 Sun Ya Publications (HK) Ltd
18/F, North Point Industrial Building, 499 King's Road, Hong Kong
Published in Hong Kong, China
Printed in China

目錄

為什麼我要這樣做？ 4

不是我做的！ 6

我昨晚看見太空船！ 10

我不需要戴眼鏡！ 14

我收到這輩子最棒的生日禮物！ 18

我有點肚子痛！ 22

我會踏單車了！ 26

誠實小貼士 30

更多資訊 31

詞彙表 32

為什麼我要這樣做？

人人都有他們不想做的事情。

我不想洗臉！

我不想睡覺！

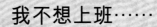

我不想上班……

那麼我們為什麼要做這些事？

通常背後也有一個極好的原因。
例如：

- 我們梳洗是為了保持身體健康，防止細菌感染。
- 我們睡覺是為了讓身體休息，第二天才能有足夠精神。
- 大人要上班賺錢，才能支付生活所需。

或許你已經知道誠實的一些好處。這本書能讓你更明白為什麼誠實是一件重要而美好的事。

當你讀到最後一頁，你就能告訴其他人，為什麼誠實是**最棒**的！

不是我做的！

莎華很想玩她的滑板，但天氣實在不似預期。外面下着滂沱大雨，而且狂風陣陣！

爸爸告訴莎華她今天要留在室內，不能外出玩耍了。

莎華感到很悶，忽然她想起了她的弓箭。「呀！我可以玩這個啊！」

嗖！

第一枝箭穿越空中，射中媽媽最心愛的花瓶，花瓶從架上跌下來！

砰！

不得了啊！滿地都是花瓶的碎片。看來莎華惹上了大麻煩，她現在要怎麼辦才好？

試想想⋯⋯
如果你是莎華，你會怎樣做？

爸爸看見一地的花瓶碎片，問莎華：「發生什麼事了？」

「不是我做的！」莎華叫道，「不是我打破的！」
她指着小貓，「是小花撞跌的！」

爸爸揚了揚眼眉。「真的嗎？」

莎華心裏非常內疚，於是哭了起來。
「不……」她哭着說，「對不起，
是我弄的，但我怕你會生我的氣！」

但爸爸沒有罵她，反而給了她一個擁抱。

「你願意承擔責任，做得很好。」他說，「不如我們一起玩桌遊吧，直至停雨。」

我昨晚看見太空船！

戴倫很喜歡在晚間看星。有一天晚上，他看見天上
有一顆特別明亮的星，比其他的星還要明亮。
「嘩⋯⋯」他喃喃自語，「那顆星在動呢！」

第二天早上，戴倫告訴哥哥他所看見的事。
「那看來很棒嘛！」哥哥冷淡地回應説。

「是一艘太空船來的！」戴倫更大聲地説。
然後他還説，他也看到了外星人、機械人，
和一隻來自火星的小狗，名叫小火。

「你根本是在吹牛，戴倫。」哥哥説。
「才不是呢！」戴倫紅着臉説。

試想想……
你認為戴倫為什麼要
編造謊言？

「戴倫説他看見了太空船呢！」哥哥告訴媽媽。

「啊？」媽媽説。她認真地看着戴倫説，「戴倫，是真的嗎？」

「其實我⋯⋯只看到了一顆會動的星。」戴倫悄聲説，「我説是看到了太空船，因為那好像比較有趣。」

「你知道嗎？」媽媽説。「其實你不用説謊。那顆會動的『星』，可能是國際太空站。你只要如實地把所看見的説出來！」

「知道了！」戴倫叫道。「我以後不會再胡亂説話。」

我不需要戴眼鏡！

「奈兒，你這樣瞇着眼睛，你能清楚看見白板上的東西嗎？」凱莉老師問。

「能！」奈兒很快地回答老師。

但其實她看得不清楚，白板上的內容都有點朦朧。奈兒擔心如果坦白說出來，她便要戴眼鏡，那就太糟糕了！

「嗯，好吧。」凱莉老師說。但她後來還是打電話給奈兒的父母。

第二天，爸爸對奈兒說：「我們今天會去見視光師。」

「好啊。」奈兒說。她一點也不擔心，因為她心裏有個秘密計劃。

試想想……
你覺得奈兒有什麼秘密計劃？

15

視光師請奈兒讀出牆上的字母，然後要奈兒回答一些關於顏色的問題。奈兒全都胡亂作答。

「這樣視光師應該會認為我只是不懂文字或顏色，而不是我的視力問題。」她想。

但視光師沒有被她騙倒。他告訴奈兒，她的確需要戴眼鏡，那並不是可怕的事情。

奈兒有點不開心……直至她選了
一副新眼鏡。

「戴眼鏡也不是一件壞事
呢！」奈兒説，「這副
眼鏡很好看！」

你知道嗎？

· 視光師是驗眼的專家，
可以幫助小朋友找出
視力問題。

· 如果你需要戴眼鏡，
但又不戴眼鏡，你的
眼睛會很容易疲倦，
還可能會導致頭痛的
啊！

我收到這輩子最棒的生日禮物！

基頓不太開心，因為他所有的朋友都收到很棒的生日禮物，但基頓的媽媽並不富有，負擔不起昂貴的禮物。

後來基頓想到了一個好主意，他想像自己會收到一份神秘禮物！

「我下星期生日，聽説生日禮物會是一部手提電話呢！」基頓跟他最好的朋友亞里説，「而且更是最新的型號呢！」

「嘩！真好呢！」亞里説，「很羨慕你！」

試想想⋯⋯
為什麼基頓不想説出家人買不起昂貴生日禮物的真相？

19

到了基頓生日，班上同學都為他唱生日歌。

「你的新電話呢？」亞里問。

「嗯……在家。」基頓説。

「那我放學後去你家看看吧！」亞里説。

基頓倒吸了一口氣，因為他其實並沒有什麼新電話。

亞里來訪的時候，基頓唯有說出他真正收到的生日禮物，並向亞里道歉。

「是一條金魚啊！」亞里叫道，「你真幸運！我也很想要寵物呢！」

「我也是。」基頓笑着說。

你知道嗎？

· 如果你說了一個謊言，很可能要說另一個謊言來蓋過它。那樣就很糟糕了。

· 昂貴的禮物不一定比便宜的禮物更好。

21

我有點肚子痛！

「請你收拾房間，奧莉維亞。」爸爸説，「這太混亂了，我都看不見地板了！」

奧莉維亞卻只想玩，不想收拾。然後她想起她哥哥湯姆曾經試過肚子很痛。他當時要到醫院做手術，割盲腸。

於是奧莉維亞想到了一個方法：只要她裝作不適，那就可以不用收拾房間了。

「哎呀呀！」她皺着眉頭，「爸爸⋯⋯」

試想想……
你認為爸爸現在會
怎樣做？

爸爸很擔心她，又為她量度體溫。「你哪裏不舒服？」他問。

奧莉維亞指着自己的肚子。

「我想我們最好現在就去醫院。」爸爸説着，便立刻穿上鞋子。

現在到奧莉維亞有點擔心了，因為她根本沒有不適。

「爸爸，我胡説的！」她脱口而出。

爸爸笑了。他説：「我差點以為我還得駕車直到醫院，你才肯説出真相呢！」

奧莉維亞鬆了一口氣，笑着説：「對不起，我現在就收拾房間」。

你知道嗎？

· 如果你裝病，到你真正不適的時候，別人可能就不會相信你了。

· 不要讓關心你的人擔心，因為他們會因此感到難過。

我會踏單車了！

馬克斯在周末的時候到祖父母家留宿。他們都很高興能見到馬克斯。「你會踏單車嗎？」祖父問。

馬克斯咬咬唇，說：「當然！」

「那就好了！」祖母説，「我們為你借來了一輛單車，你來的時候可以用啊！」

「好啊！」馬克斯説，他盡量表現得跟祖父母一樣興奮。

但事實上，他並不會踏單車，只是不想讓自己看起來很傻，也不想祖父母失望。

試想想……
如果你是馬克斯，你接下來會怎樣做？

馬克斯覺得踏單車應該不會很難吧……他緊緊抓着
單車的把手，用力踩上腳踏。

呀……啪！

他從單車上掉下來了！

呀！

「對不起。」馬克斯悄聲說，「我根本不會踏單車」

「沒關係。」祖父說，「我教你，好嗎？」

馬克斯大力點頭。「好啊！謝謝您！」

周末完結的時候，馬克斯自豪地告訴父母：「我現在會踏單車了！」

這是千真萬確的呢！

你知道嗎？

・說了謊，你有可能為了不讓人知道而做些危險的事。這是不對的啊！

・不用怕，坦白說出來吧！這會令你內心感到快樂。

29

誠實小貼士

説真話的重要性

- 如果經常説謊，其他人便會開始不再相信你。

- 説謊後帶來的麻煩，比説真話的嚴重多了。

- 説了一個謊，就有可能要再説另一個謊……再另一個……那只會不斷重複錯誤。

- 如果你想把真相藏起來，你便會慢慢開始為此擔心。

- 你也許以為説出真相會令自己看起來很傻，但其實當別人發現你説了謊，看起來會更傻。

説了謊會有什麼感受？

- 説了謊會令人很內疚，坐立難安。

- 有時太擔心自己説的謊會穿崩，你可能會睡不着覺啊！

- 你會擔心是否讓別人感到難過和傷心。

- 你可能會因為惶恐而冒汗，思前想後，感到擔憂。

- 你可能會覺得喉嚨打結，難以説話。

更多資訊

延伸閱讀

《小跳豆幼兒德育故事系列：我會誠實》
改編：新雅編輯室
(新雅文化事業有限公司，2021 年出版)

《陳美齡親子繪本系列：不用撒謊，因為媽媽愛你》
作者：陳美齡
(新雅文化事業有限公司，2021 年出版)

《正向教育故事系列：河馬胖胖，請說誠實話》
作者：蘇·格雷夫斯
(新雅文化事業有限公司，2019 年出版)

相關網頁

Oh! 爸媽：7 個正向教育步驟助小孩戒説謊
鼓勵小朋友變為誠實好孩子
https://www.ohpama.com/437501/

親子天下：誠實，怎麼教？
https://www.parenting.com.tw/article/5052787

詞彙表

承擔責任（owning up）
做錯事後勇於說出真相。

誇張（exaggerate）
形容得比事實更好或更壞。

國際太空站（International Space Station）
環繞着地球運行的科研設施，可以載人。

吹牛（fibbing）
沒有說出事實。

瞇着眼睛（squinting）
把眼睛半合起來，令視線清晰一點。

視光師（optician）
負責驗眼，為有需要的人配眼鏡的專業人士。

羨慕（jealous）
感覺或表示你很想要別人所擁有的。

盲腸（appendix）
腹腔的一個小部分，當它出現毛病時，需要做手術取出來。

細菌（germs）
微小的生物，會令人生病。